CB072410

PROCURANDO PRINCESAS
&
ENCONTRANDO BRUXAS

Das mesmas autoras:

Caçando Príncipes & Engolindo Sapos

Maria Cristina Von Atzingen
Helena Perim Costa

PROCURANDO PRINCESAS & ENCONTRANDO BRUXAS

Ilustrações
Roberto Negreiros

3ª EDIÇÃO

BERTRAND BRASIL

Copyright © 1997 by Maria Cristina Von Atzingen e
Helena Perim Costa
Capa: projeto gráfico de Rodrigo Rodrigues
utilizando ilustrações de Roberto Negreiros

2000
Impresso no Brasil
Printed in Brazil

CIP-Brasil. Catalogação-na-fonte
Sindicato Nacional dos Editores de Livros, RJ.

V899p
3ª ed.

Von Atzingen, Maria Cristina
   Procurando princesas encontrando bruxas / Maria Cristina
Von Atzingen, Helena Perim Costa; ilustrações Roberto
Negreiros. – 3ª ed. – Rio de Janeiro; Bertrand Brasil, 2000.
   112p.

   ISBN 85-286-0604-X

   1. Relações homem-mulher – Humor, sátira etc. I. Costa,
Helena Perim. II. Título.

97-0563

CDD – 869.97
CDU – 869.0(81)-7

Todos os direitos reservados pela:
BCD UNIÃO DE EDITORAS S.A.
Av. Rio Branco, 99 – 20º andar – Centro
20040-004 – Rio de Janeiro – RJ
Tel.: (0XX21) 263-2082 Fax: (0XX21) 263-6112

Não é permitida a reprodução total ou parcial desta obra, por quaisquer
meios, sem a prévia autorização por escrito da Editora.

Atendemos pelo Reembolso Postal.

Agradecemos a todos os nossos amigos
que contaram seus casos
(mesmo sob o efeito do álcool).

ÍNDICE

Prefácio 9
Introdução 11

Parte I
ESTADO CIVIL

As Casadas 15
   Recém-casadas 15
   Casadas há anos 16
   Reclamações mais freqüentes 20
   A casada que tem um caso 23

As Separadas 27
   As que pediram a separação 27
   As rejeitadas 28
   As que foram trocadas por outra 29
   Namorada com filhos 29
   Ex-mulher com filhos 30

As Solteiras 31
   A que mora sozinha 32
   A que mora com os pais 33

As Viúvas 34

Parte II
AS BRUXAS

A Frágil 39
A Singela 40
A Tímida 42
A Amiga de Futebol 45
A Falsa Mansa 46
A Sedutora 49
A Dada 51
A Tarada 52
As Virgens 55
A Carente 58

A Louca 60
A Grávida 62
A Patricinha 65
A Independente 67
A Serviçal 69
A Perua 73
A Burrinha 75
A Enroladora 77
A Quebra-galho 79
A Ciumenta 81

Parte III
MENTIRINHAS

Para Impressionar o Príncipe 89
Mentirinhas das Casadas 90
Dispensando o "Príncipe" 92
A Paquera 94
    A Mulher Dirigindo a Paquera 96
    O Homem Dirigindo a Paquera 97
Limites 99

Parte IV
A PRINCESA ENCANTADA

A Donzela 103

PREFÁCIO

Este livro pode ser lido pelas mulheres como uma bula, e pelos homens como um manual que, como tal, poderia levar o título: "Como fugir das armadilhas a partir de alguns tipos femininos básicos." Mulher é armadilha, cuidado! Já diziam nossos ancestrais antes de raptar nossas tataravós, essas taradas, invejosas, rejeitadas, solteironas, casadas, viúvas, bruxas, frágeis, tímidas, amigas, falsas, mansas, sedutoras, virgens, carentes, loucas, grávidas, peruas, independentes, serviçais, burrinhas, ciumentas, enroladoras, mentirosas, uau! Nossas tataravós eram mulheres como nós e, como tal, já podiam se encaixar nos tipos femininos urbanos catalogados neste manual-bula, que avisa: nós, mulheres, somos armadilha, cuidado, homens, previnam-se!

Temos muitas contra-indicações, não damos garantia de fabricação, detestamos ser trocadas e, para piorar ainda mais a situação, ainda temos de amar! E amar os homens, que adoram as máquinas e os objetos! Isso, realmente, não podia dar em boa coisa. Porém...

... se como bons objetos podemos ser catalogadas pelos homens como seres humanos providos de

alguma inteligência, podemos rir disso, e, quem sabe assim, nos desviarmos das armadilhas que vivemos construindo para esse nosso mundo de homens e mulheres.
Este parece ser o bom propósito deste livro divertido.

Dilea Frate
escritora e jornalista

INTRODUÇÃO

No nosso livro *CAÇANDO PRÍNCIPES & ENGOLINDO SAPOS*, enfatizamos a fase da paquera, dos primeiros encontros, e esperamos que os leitores tenham dado boas risadas e feito bom proveito dele.

Neste livro permitimos que os homens dêem o troco, falando sobre as mulheres.

Fizemos várias reuniões, entrevistando homens de várias faixas etárias e de todos os estados civis. O trabalho não foi fácil porque arrancar de um homem este tipo de informação exige alguns copos de bebida destilada, um gravador ligado e a promessa de anonimato.

Mais uma vez ressaltamos que esta ficção é fruto da pura observação da realidade. Portanto, não adianta ficarem bravos conosco – leitores e leitoras.

Só estamos registrando o que vemos e ouvimos por aí, o que muitos de vocês teriam curiosidade de fazer.

PARTE I
ESTADO CIVIL

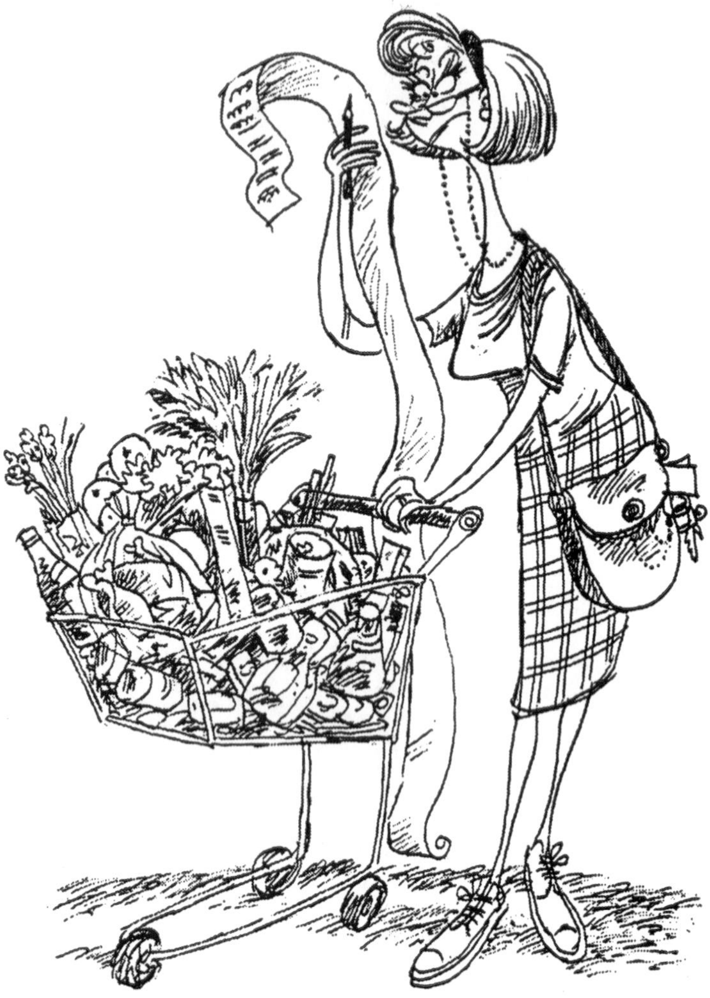

AS CASADAS

Onde encontrá-las:

- no supermercado.
- no shopping.
- em fila dupla em frente aos colégios.

Melhores horários:

- De segunda a sexta, das 10 às 18 horas.

1. As recém-casadas

"Ah... Ele é maravilhoso! Estou superfeliz. Ele faz tudo o que eu quero. A lua-de-mel foi ótima. Já estou pensando na próxima viagem. Mandei fazer um sofá lindo! Depois vou comprar a poltrona que combina com ele. Você não achou que esta cortina ficou ótima? Combina com a cor da parede.

Esta semana vi um vestido vermelho lindo no shopping. Vou comprar. Ele vai adorar. É supersexy. Sabe que ele não dá uma folga? Taradinho... É tão bom chegar em casa com ele, sem horário, sem ter que dar satisfação para ninguém. Estou adorando a vida de casada!"

O que o marido pensa: "É lógico que ela está adorando! Estou trabalhando em dobro! Não sei pra que combinar a cor da cortina com a parede."

2. A casada há anos

Ela reclama...
Rica ou pobre, com ou sem filhos, com ou sem empregada, ela reclama:

Para que serve um marido?

☛ "Para você cozinhar, lavar e passar, e ele não dar a menor bola."

☛ "Para lavar as meias dele, ouvir palavrão e ter que abaixar a tampa do vaso cada vez que entra no banheiro."

☛ "Casamento não é bem aquilo que eu imaginava."

O vizinho

O marido da vizinha sempre é mais legal: a grama dele é mais verde, a casa é mais bonita (tem até churrasqueira!), o carro dele é mais novo, e ele ganha mais! A mulher dele está mais em forma; mas também, com o dinheiro que ela gasta!...

Nunca estão satisfeitas:

🍂 Se eu soubesse que casamento era assim, não teria casado.

🍂 Não há paixão que resista ao casamento.

🍂 Ele não me dá atenção.

🍂 Com os amigos ele sabe conversar.

E se você perguntar por que ela não se separa, ela responderá:

• Se eu fosse mais jovem eu separava. Mas agora que larguei minha vida de lado para ficar com ele, o que é que eu vou fazer?

• Estou esperando ele ficar mais rico. Sair desse casamento sem nada?

• Largar dele e pegar um pior? Homem é tudo igual. Só muda o RG.

- Casamento para mim é para toda a vida.
- O que é que eu vou fazer com estas crianças?
- Crianças de pais separados ficam traumatizadas.
- O que é que a minha família vai dizer?
- Separar? Pra quê? Pra eu ficar cuidando das crianças enquanto ele cai na gandaia?
- Aí ele arruma outra, faz outra família e não sobra nada para os meus filhos.
- Separar? Nunca. Não vou dar esse gostinho a ele.

As casadas que invejam as solteiras:

Pensam que a vida de solteira é muito interessante e cheia de prazeres:

– Podem viajar sozinhas.
– Podem dormir com quem quiser.
– Trabalham num escritório lindo, todo acarpetado, com flores na mesa e um porta-retratos com a foto de um namorado maravilhoso!
– Vão a reuniões de negócios onde vários homens prestam a maior atenção ao seu discurso brilhante, e que elas – bem vestidas e maquiadas – fecham contratos de milhares de dólares, comemorando depois com os pés em cima da mesa.

De onde elas tiram tudo isso? Assistem demais a comerciais de tintura para cabelos!

O comentário típico da casada para a solteira é: "Você que é feliz, pode fazer o que quiser da sua vida. Eu não. Com marido e filhos, a coisa é bem diferente. Que inveja eu sinto de você!"

Mal sabe ela que a solteira, que está toda ouvidos, está louca para casar!

O que a casada pensa da vida do marido:

Pensa que ele é um folgado. Espera que chegue em casa alegre, bem-disposto, perfumado, musculoso e bronzeado, com flores nas mãos, e que diga:

"– Hoje vou levá-la naquele restaurante novo que abriu."

Na realidade, ele chega em casa suado, com a camisa pra fora da calça, a pastinha na mão pesando duzentos quilos, e morto de fome.

O que ela diz:
– Você chegou tarde hoje.
– Só deu pra fazer omelete.
– O colégio das crianças subiu outra vez.
– A pia está vazando.
– O vizinho trocou de carro.

Agora, vamos supor que ele a convide para jantar.

Ela vai responder:
– Pra que gastar dinheiro?
– Agora é tarde. Já fiz omelete.
– Justo hoje que eu vou descobrir o assassino na novela?
– Como é que você quer que eu saia? Não tem nada que sirva no meu guarda-roupas.
– A mamãe ficou de telefonar.

Reclamações mais freqüentes das mulheres casadas

1. SEXO

Ele não acerta a dose. Ou é demais, ou é de menos.

- Sexo? Ele dá boa-noite, vira pro lado e ronca.

- Sexo? Ele só me procura pra isso.

- Sexo? Como é que ele pode pensar nisto se nem discutiu ainda o aumento da escola das crianças? E quanto aos problemas que estamos enfrentando?

- Sexo? Depois de tudo o que eu trabalhei hoje? Depois de toda a roupa que eu lavei? Estou morrendo de dor nas costas.

- Sexo? O que é isso?

2. TV

Ele chega em casa, liga a TV, e eu não posso nem passar na frente. E quanto ao controle remoto, então! Ele pega aquele controle e dispara como se fosse uma metralhadora. Quer assistir a toda a programação de uma só vez.
Não pede nem licença para mudar de canal. Outro dia ia passar a reprise do *Entre Dois Amores*, e sabe o que ele fez? Colocou no Campeonato Paquistanês de Futebol!
E se eu digo que adoro o Jô, ele responde:
"– Aquele gordo sem graça, outra vez?"
Deveriam vender televisores para pessoas casadas com dois controles remotos. Assim, quando ele atirasse com o dele, eu rebatia com o meu.
Qualquer hora vou explodir aquela TV.
Ou melhor, vou colocar um anúncio no jornal:
"Troca-se uma TV usada por um marido novo."

3. CARRO

Finalmente, ele trocou de carro.

• Só para desfilar por aí.

• Com tantas prioridades... a pia da cozinha, por exemplo.

• E se acontece alguma coisa? Ele torrou todas as nossas reservas.

- Precisava comprar um carro tão caro?
- Poderia ter trocado o meu!
- Homem só pensa nele.
- Não é tão bonito quanto o carro do vizinho...

4. A BAGUNÇA

Se você, ao entrar em casa, tropeçou num sapato no meio da sala, está ao lado de um bagunceiro típico. E provavelmente já tentou de tudo: pedir, brigar, convencer...
Temos uma nova solução para você: uma solução artística.
Pegue uma máquina fotográfica e faça um *"Ensaio Fotográfico"*:

a) Título: **"Pia explodida"**: é como fica a pia do seu banheiro depois que ele se arrumou pela manhã. A pasta de dentes está aberta. A tampa, sabe Deus lá onde estará. Há espuma de barba por todos os lados, o espelho salpicado de pontos brancos, a torneira escorrendo. E a toalha molhada, onde estará? No lugar dela: em cima da cama, é lógico. Sem falar naquela sua toalhinha linda que virou "piso" no chão do banheiro.

b) Título: **"Natureza morta"**: fotografe aquele pratinho de sobremesa com aquela linda casca de laranja pendurada, que ele deixou na saleta ontem à noite e que dá à sua casa aquele agradável odor de feira.

c) Título: **"Sarajevo"**: no chão, o que sobrou das roupas (incluindo cuecas e meias) do soldado que retornou do campo de batalha tão exausto que não teve forças para guardá-las.

Além de não se irritar, você poderá ganhar algum dinheiro e até ficar famosa fazendo uma exposição numa Galeria de Arte.

A casada que tem um caso

No começo ela está confusa. Três dias depois está completamente apaixonada.
Começa a mandar bilhetinhos e a marcar encontros à tarde, como *La Belle du Jour*.
Ela coloca uma terceira pessoa a par do caso (em geral, sua melhor amiga), que servirá de álibi e confidente.
(Além do mais, que graça tem ter um caso se não contar pra ninguém?)

Os encontros terão um clima de mistério e poderão ser bem conturbados, com empecilhos do tipo:

- Agora eu não posso.
- Acho que meu marido está desconfiado.
- Tenho uma reunião hoje à tarde.
- E se alguém me reconhecer?

As saídas serão de segunda a sexta. Finais de semana, nem pensar! De preferência, você será mais jovem que ela, ou pelo menos mais jovem que o marido dela, uma vez que ela está interessada em muita saúde e disposição. Isto fará com que ela se sinta novamente como uma adolescente.
Muitas mulheres que "correm por fora" casaram-se cedo demais ou com o primeiro namorado, e, quando chegam aos 30 anos, sentem uma lacuna de experiências na sua vida. Seu casamento já está desgastado, sua auto-estima em baixa e os sinais do tempo começando a dar sinais...
Ela acha que ainda dá tempo de matar a curiosidade de conhecer outros homens, e colocar um pouco de aventura e emoção na sua vidinha pacata.

Ter um caso com uma mulher casada pode ser excitante, afinal, você ganhou o duelo, mesmo sem conhecer o oponente.
Mas por vezes você se sentirá como um moleque, que para subir em um muro alto trepa, trepa, trepa; e ao chegar lá em cima, olha pra baixo e sente medo.
Quando o caso estiver no auge, você não saberá o que fazer. Você não quer ficar com ela, e não quer perder sua boquinha...

Normalmente, o marido descobre o caso: ou porque a mulher conta no meio de uma discussão, ou porque ele desconfiou e deu um flagrante, ou ainda porque aquela sua melhor amiga dá com a língua nos dentes, e metade da cidade já sabe. Agora, se o caso acabar sem que o marido dela perceba, com certeza ela pedirá de volta os bilhetinhos.

Existem as mulheres casadas que dizem que "burro amarrado também pasta", e existem as que dizem que "burro amarrado só olha a paisagem". Estas olham para o professor da academia, para o vendedor da loja, para o frentista do posto de gasolina... Jogam o maior charme, mas são incapazes de trair o marido. Só querem ter um estímulo para começar o regime na segunda-feira, para ilustrar suas fantasias ou para saber quanto anda a sua cotação no mercado.

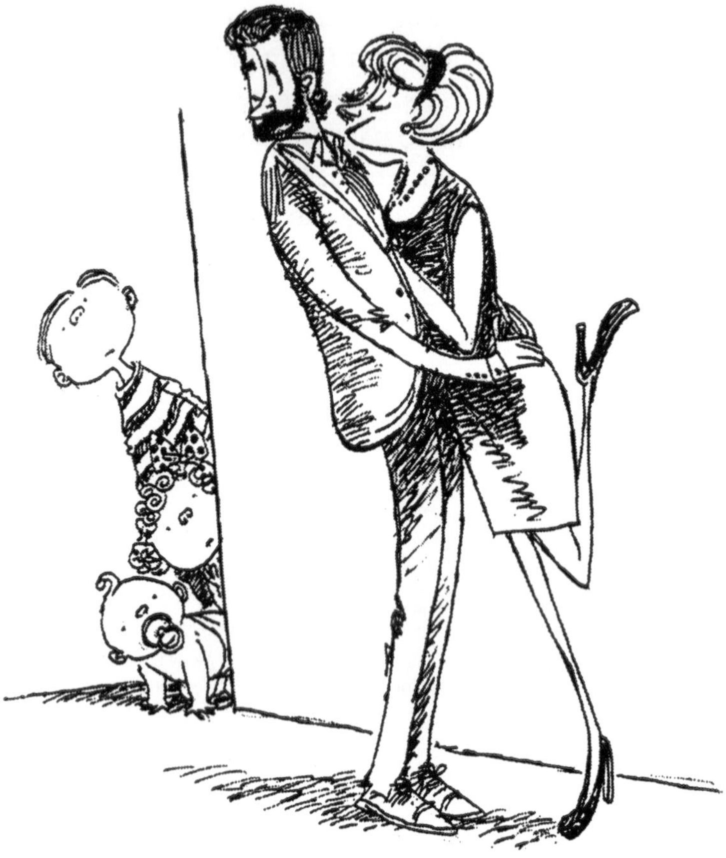

AS SEPARADAS

Onde encontrá-las:
- no supermercado
- no analista
- nos bares
- nas academias de ginástica

As que pediram a separação:

✓ Já foi tarde.

✓ Ele era um atraso na minha vida.

✓ Só tinha defeitos.

✓ Fico muito melhor sem ele.

Segundo os homens, a mulher que tomou a decisão de uma separação não incrimina toda a população masculina só porque não teve sorte. Está mais tranqüila e segura, mais preparada para iniciar um novo relacionamento do que a que levou o fora.

As rejeitadas:

✓ Por que ele foi fazer isso comigo?

✓ Eu era tão legal...

✓ Nosso casamento era perfeito.

✓ Se ele quisesse voltar eu perdoava.

✓ Homem não presta.

Rejeição é fogo! A rejeitada passa metade do tempo falando mal dos homens; e a outra metade, correndo atrás deles. Porque quando bate a carência, elas perdem a compostura. O problema é que a maioria não está a fim de encontrar outro companheiro. Está a fim de arrumar um segundo príncipe encantado. (E se arrumar o primeiro já foi duro, imagine o segundo!) A mulher que levou o fora acha que precisa se apoiar num homem em quem ela confie, que diga a verdade e a ponha debaixo da sua asa, porque ela se sente desamparada. Ou então se julga forte e independente para ir à luta.
O único meio de superar a rejeição é manter a autoestima em alta. Nem que para isso seja preciso espalhar por aí que a Cláudia Schiffer tem celulite!

As que foram trocadas por outra:

✓ Eu engomava suas camisas e ele me troca por uma mulher que nem sabe fazer café?!

✓ Quando eu tinha a idade dela meu peito também olhava para cima.

✓ Depois que ela tirar tudo dele, vai chutá-lo.

✓ Homem não presta.

✓ Está certo que eu estou meio gordinha, mas continuo em plena atividade!

Fofa...
O mercado é aberto; a concorrência, desleal, e seu amado não era cego. O que podemos fazer?

Sua namorada separada com filhos:

Sua mãe vai adorar quando souber que arrumou uma namorada que já veio com duas crianças de brinde. Ela, que sonhava com o chapéu que ia usar no casamento do filho com a princesinha... Agora tem que agüentar esta namorada (se é que se pode chamar assim), mais velha que você, mais experiente, e mãe! Além de tudo ela fuma e toma uísque antes do almoço. Isso já é demais! Vai fazer a *mamma* perder muitas noites de sono. Mas, chorando pelos cantos, ela dirá: "— Fazer o quê... se ele gosta dela! Se eu não aceitá-la, vou acabar perdendo meu filho."

Ela vai acabar se adaptando, e quando perceber, já estará comprando presentinhos para os netos postiços.

Sua ex-mulher com seus filhos:

• Ela manda as crianças com roupa rasgada, tênis velho e sem almoçar.

• Ela faz a lista das despesas e inclui a consulta ao ginecologista ("para se divertir com o novo namorado", você pensa).

• Muitos finais de semana livres serão disputados a ferro e a fogo.

• Quando quer alguma coisa fica boazinha, relembra até os bons tempos.

• Não se casa novamente para não perder a pensão, mas o namorado já mora com ela há três anos.

• Liga para sua mãe para reclamar de você.

• Exige lugares bons nas férias. Afinal, seus filhos precisam do sol de Miami.

• Pergunta para os filhos tudo o que viram de novo no seu apartamento para pedir igual.

• Faz vodu para sua namorada.

AS SOLTEIRAS

Onde encontrá-las: • no trabalho, nos bares e academias, e também nas cartomantes, quiromantes e astrólogas.

Que nos desculpem as mulheres, mas a verdade é que toda mulher sonha em se casar. Só não casou até hoje porque não encontrou a tampa da sua panela ou é uma frigideira.

A solteira que mora sozinha:

Ela sonha com um marido para:

- Sua mãe parar de perguntar quando é que ela vai se casar.

- Pagar as contas no final do mês.

- Matar as baratas.

- Trocar lâmpadas.

- Discutir com o mecânico.

- Trocar pneu furado.

- Quebrar a cara do seu chefe.

- Acompanhá-la na festa das ex-alunas do colégio.

- Mudar a assinatura que ela repete há trinta anos.

- Dar gorjetas (já que ela nunca sabe quanto...)

- Subornar o guarda na hora da multa.

- Parar de assinalar aquele quadradinho
  ☐ SOLTEIRA, quando responde "estado civil".

- Trancar a casa, desligar o gás, pôr o lixo pra fora e ser o último a apagar a luz.

- Pôr em prática o que ela viu na *Playboy Video*.

A solteira que mora com os pais:

- Quando é que você vai se casar?

- Não precisa ter pressa. Precisa escolher bem.

- Não é que a gente não goste de você aqui...

- Casamento é bom.

- A filha da vizinha, que é mais nova que você, vai se casar...

- Queremos netos.

- Só vamos morrer sossegados no dia em que a virmos casada.

Ela sonha com um marido para:

- *tirá-la de casa!*

AS VIÚVAS

Lugares que freqüentam: • igrejas,
bingos,
Águas de Lindóia,
Águas da Prata,
Poços de Caldas...

As viúvas são diferentes dos viúvos. Muitas não se casam novamente. Têm seus casinhos por aí, mas juntar escovas de dentes outra vez... não é para qualquer um.

Costumam dizer: Eu já fui casada, eu sei como é que é. Não quero cuidar de mais ninguém. Minha parte eu já fiz. Ou ainda: Eu amava meu marido. Casei por amor. Colocar outro homem no lugar dele? Jamais!

E tem o tipo que decidiu viver para criar os filhos, e os netos, e depois os bisnetos. Não reclama, mantém a casa cheia, administra tudo como se o marido estivesse presente e não deixa que ninguém ocupe a cabeceira da mesa.

PARTE II

AS BRUXAS

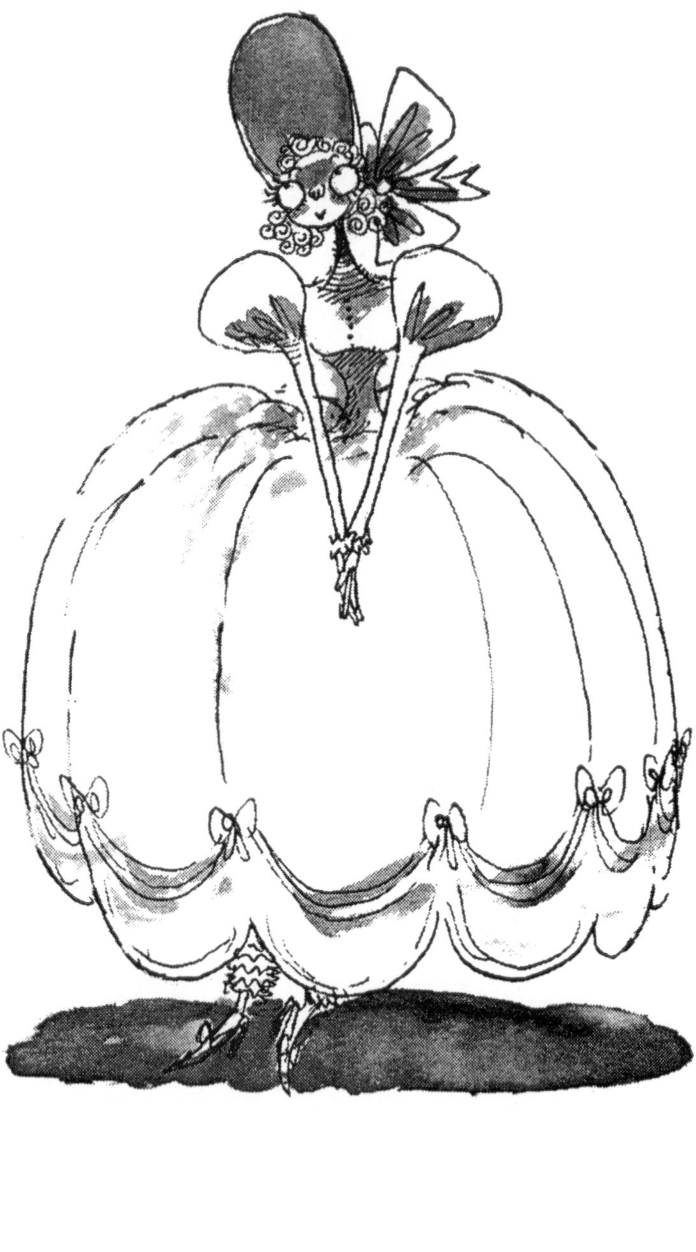

A FRÁGIL

Ela parece ser feita de cristal. Toda delicadinha... Se você soprar mais forte, ela quebra. É meiga, está sempre sorrindo e fala feito criança.
É romântica, assiste a filmes com Tom Cruise, e o melhor livro que já leu foi *O Pequeno Príncipe*.
Chora quando fica emocionada, o que acontece com freqüência.
Pode conquistá-la com um bichinho de pelúcia ou uma caixinha de música.
É aquela que costuma dizer: se você não for, eu não vou.
Não usa roupas *sexy* nem abusa dos acessórios.
Às vezes reclama do salário, mas não tem coragem de trocar de emprego. Isto, quando trabalha!
Porque ela tem dois planos de carreira: casar e ter filhos.

Nunca matou uma barata, não sabe o que fazer quando fura o pneu do carro (se é que ela dirige) e não gosta de viajar. Diz que admira as amigas que fazem tudo isso, mas no fundo acha que estão desperdiçando seu tempo. "Pra que fazer tudo isso?" Um dia ela vai ter um braço forte ao seu lado, para protegê-la e cuidar dela.

A SINGELA

Será fácil reconhecê-la.
Usa saia comprida, blusa fechada e colarzinho de pérolas. Você não sabe se ela é uma mistura de freira com professora primária, se é crente ou se faz o estilo Merryl Streep.
Com certeza não fala palavrão, não deixa o biquíni enfiadinho (aliás, ela nem toma sol) e, se bobear, é virgem.

Fala baixinho, procura ser educada, beirando a formalidade, e nunca perde a pose. Ela não fica brava: fica magoada.
Mora com os pais, e o homem ideal para ela só precisa ser honesto e trabalhador.
Se você disser que a acha "gostosa", ela irá se ofender e ficará vermelhinha.
Mas não tem um pingo de tempero.
O que falta nela é um pouco de sacanagem.

A TÍMIDA

Tímida é tímida.
Engasga pra falar, mantém o olhar baixo, não dá opiniões a menos que seja consultada.

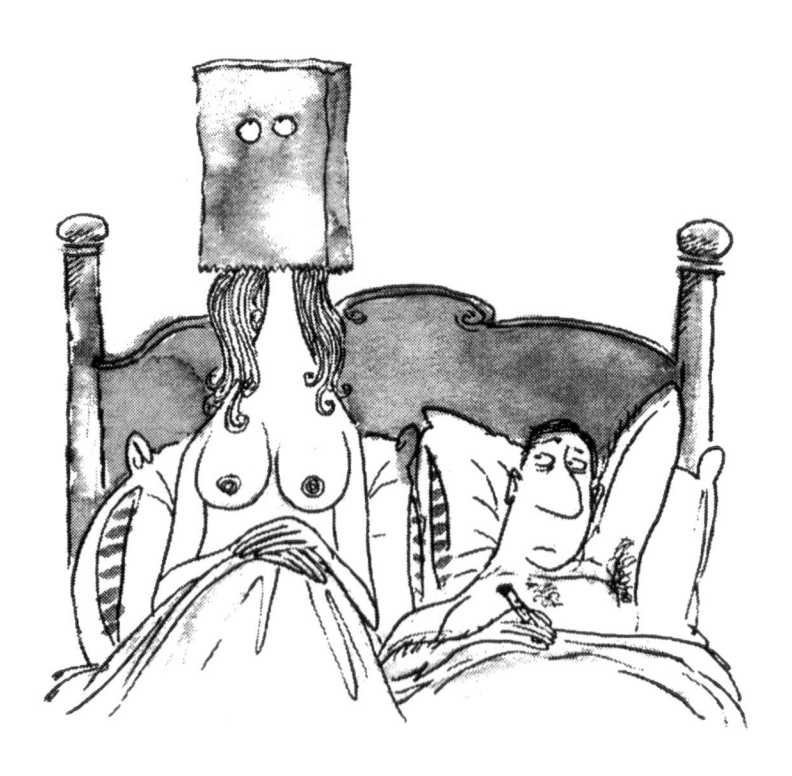

Se paquerá-la já é difícil, ser paquerado por ela é quase um sacrifício. Se ela estiver interessada em você, ficará inventando modos de mandar sinais demonstrando o interesse, que nunca é explícito. Ela não acreditará que você não está interessado nela. Achará que é tímido também.

Se conseguir vencer as barreiras iniciais, prepare-se para a olimpíada da cama:

Ela vai preferir transar no escuro ou à meia-luz.

Se você disser "Vamos tomar um banho?", ela responderá "Vá você na frente". E quando ela sair do banho vai estar enrolada em pelo menos três toalhas.

Você nunca vai vê-la andando nua pela casa.

Ela usa de mil artifícios para que isto não aconteça.

Quando levanta da cama, leva o lençol junto ou deixa uma peça de roupa perto da cabeceira para poder vesti-la antes que você perceba.

Mas não dê importância a estes detalhes.

Ela pode se tornar uma mulher interessante, se você conseguir arrancar a tarada que existe dentro dela.

Aí você terá uma tímida em campo, mas na hora do pênalti, será só goleada.

Ela esquecerá todas as regras e o surpreenderá com uma *performance* de deixar qualquer dupla "Ronaldinho e Romário" no chinelo!

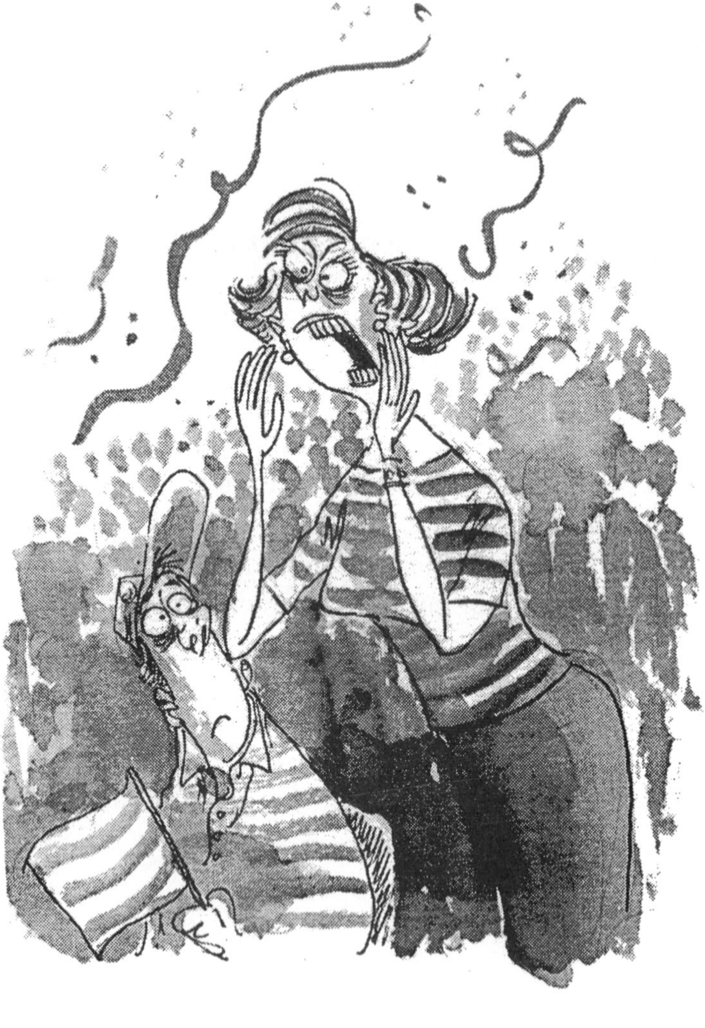

A AMIGA DE FUTEBOL

Ela toma chope com você no final da tarde.
Fala palavrão e conhece todas as piadas mais fortes.
Puxa a própria cadeira e acende seu cigarro antes que você faça menção de tirar o isqueiro do bolso.
Só tem amigos homens e se dá superbem com eles.
Trabalha, é auto-suficiente e não pede nada a ninguém.
É ótima em dar conselhos práticos, chegando a ser fria na crítica.
Quando questionada, vai dizer o que pensa, mesmo que isso lhe ofenda. Se perguntar o que ela acha da sua namorada, saberá fazer a crítica ou o elogio, sem se envolver emocionalmente no julgamento.
Ela é a sua terapeuta gratuita.
Em compensação, pode ser duro com ela, porque ela não se melindra, nem fica chateada por muito tempo.
Confie nela, porque, antes de tudo, sabe ser amiga.
É claro que ela é a fim de você, mas isto é uma outra história...

A FALSA MANSA

Ela diz que não se importa se você hospedar aquela amiga sueca na sua casa. Mas, no dia que a loira chega, ela também aparece de mala e cuia para dormir lá.
Ou pior: se vocês estão com um grupo de amigos bebendo em um bar, na maior descontração e você

arriscar pedir a famosa "saideira" (que nunca é), ela se vira com um olhar fulminante e um sorriso nos lábios, e diz: "Outro chope?"
Não se importa de você sair com seus amigos. Depois faz greve de sexo um mês e viaja com as amigas.
É falsa mansa. Ela finge que engole sapo, mas leva você na coleira curta. Quer levá-lo até o altar.
Primeiro ela passará você para a turma dela, para afastá-lo da sua. Depois lhe dará de presente um porta-retratos com a foto de vocês. A partir daí criará oportunidades para conhecer a sua família, e, no dia que isto acontecer, ela será exemplar.

Ela até desconfia que você teve um caso, mas faz cara de paisagem.
Deixa passar suas escorregadinhas porque está mirando um objetivo lá na frente.
Quando você perceber já estará afastado de todos os seus amigos e já terá uma calcinha pendurada no banheiro.

Mas seu último suspiro será mesmo quando sua mãe perguntar: "Quando você vai tomar uma atitude e se casar com ela? Mulher assim não se acha em qualquer esquina."
Caro amigo, você dançou.
Ela conquistou a sogra!

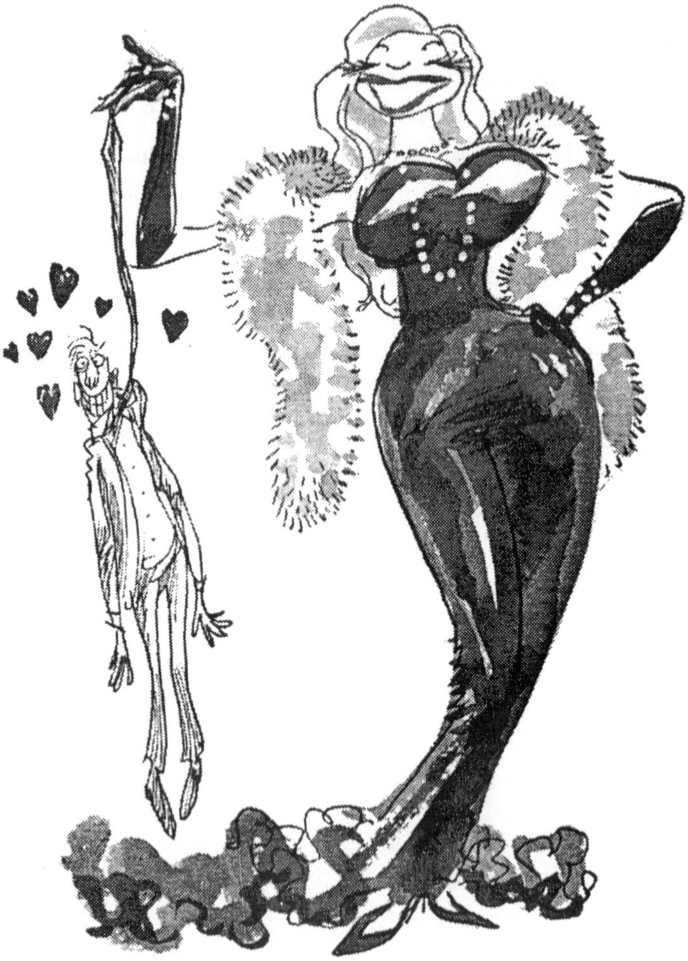

A SEDUTORA

A receita predileta dela é vodka, *lingerie* preta e *Chanel n.º 5*.
Cruza a perna como a Sharon Stone e pode vestir um pano de chão, que fica o máximo!
A sensualidade, para ela, é um instinto natural.
Seduz pela postura, pelo olhar, pelos gestos, pela voz rouca...
Consegue ser metida sem ser antipática, e ser sensual sem ser vulgar.
É aquela que, quando passa, deixa todos os homens com torcicolo; e todas as mulheres, enfurecidas.
E ela nem sempre é bonita, mas tem dose dupla de charme. Tem uma autoconfiança de causar inveja, e não se preocupa nem um pouco com a concorrência, porque sabe que ganha mesmo! Mas nunca aceita o primeiro convite (nem da *Playboy*!). Gosta de ser valorizada. Afinal, nada é mais importante no mundo do que a sua imagem.
Não demonstra pressa nem ansiedade. Sabe ser cautelosa e dar um passo depois do outro.
A conquista, para ela, é um jogo. Ela sabe jogar. Você vai reconhecer uma sedutora quando olhar pra ela e pensar: "Nossa, essa mulher é demais!"

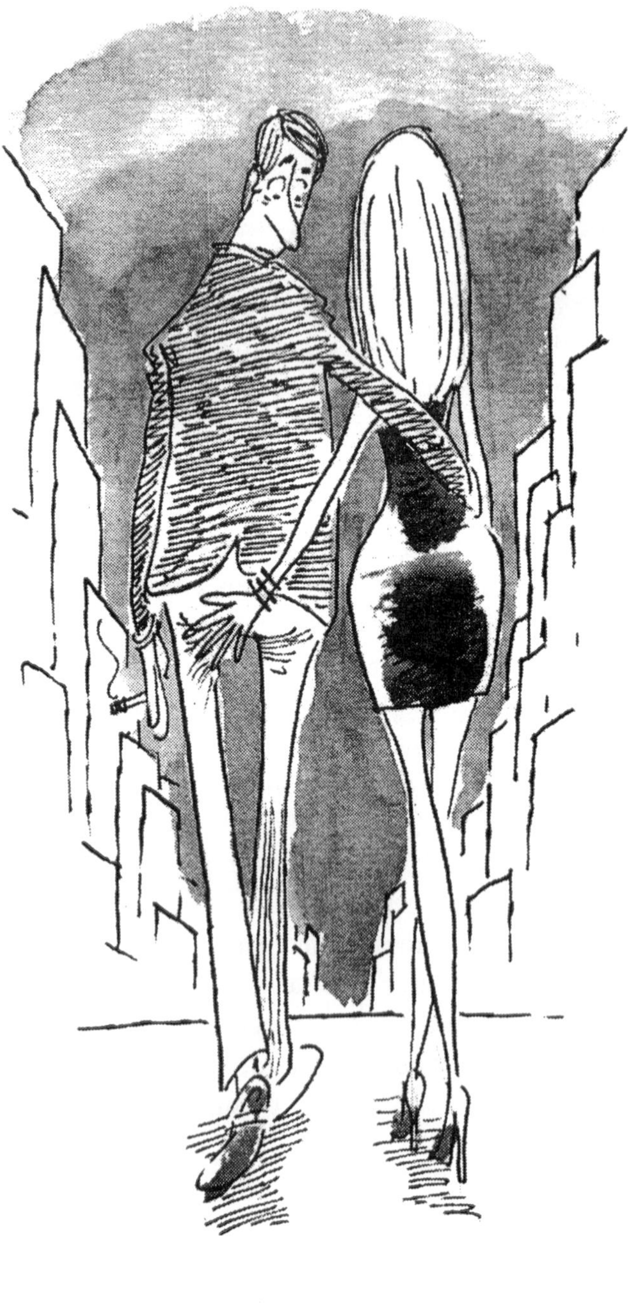

A DADA

Ela não estuda dadaísmo. Ela é que é muito dada. E dá mesmo.
Paquerar ou fazer sexo, para ela, é como ir a um parque de diversões. Ela está interessada nos brinquedinhos... Não está preocupada se vai se casar ou se os outros a acham vulgar. Ela quer se divertir, falar besteira e dar muitas risadas.
Quando não tem programa, gosta de sair com uma turma de amigos, mas dificilmente volta para casa com eles.
As mulheres poderão não concordar, mas ela é divertida. Faz ótimos comentários, é superobservadora e os casos amorosos que conta são engraçadíssimos. Conversa sobre qualquer assunto, mas todos eles acabam em sexo.
Se você estiver falando de futebol, ela descreverá as pernas do Raí. (É a única mulher que ainda se lembra das pernas do Leão!)
Ela é safada, mas não intimida os homens. Se ela der pra você, tudo bem. Se não, vai dar pra outro mesmo.
O problema é que, se você sair com ela hoje, será o assunto de amanhã.

A TARADA

É aquela que te agarra tanto, que você tem que dizer: "Se você não me soltar, eu não vou poder fazer nada."
Ela cutuca seu pé por debaixo da mesa e, na hora H, pergunta: "Na sua casa ou na minha?"
Ela usa você como objeto: um sorvete, um cabo de vassoura, sei lá.
Não quer saber nem seu nome.
Só pensa naquilo.

Se convidá-la para ir ao cinema, ela perguntará se você não consegue pensar em algo mais interessante. Se em uma semana não levá-la para um motel, vai chamá-lo de bicha ou, no mínimo, de "sujeito meio estranho".
Porque a mulher tarada está sempre tramando alguma coisa, e sua intenção não é bater papo.
Ela gosta de dar presentinhos pornográficos: cuecas com corações, camisinhas coloridas etc.

Quando a mulher se mostra tarada logo no primeiro encontro, assusta o homem, porque o faz pensar que não é o único a despertar nela o instinto animal. E se estiverem em um lugar público, você vai começar a perceber o ridículo da situação de estar com uma estranha sussurrando absurdos, e vai rezar para que ela não dê uma lambida na sua orelha.
Ela pensa que está agradando, mas não sabe que a maioria dos homens tem horror à vulgaridade.

A tarada geralmente é depravada, e tem uma amiga que também é as duas coisas. Quando você conhece as duas, elas deixam a conversa pegar fogo. Quando estiver bem quente, uma vai embora e você fica com a outra, em ponto de bala. Aí já não tem como pular fora. A tarada "dá canseira". Fica pedindo a segunda, a terceira rodada. Você já transou a noite toda, já acordou cedinho e fez a festa, e quando sai do banho, ela já está te agarrando.

E, além de tudo, é mandona. Fica dando ordens: "Faz assim, vira... eu gosto assim..."

Receita para namorar uma tarada:
- dez gemas
- meio quilo de ginseng
- uma colher de sopa de guaraná em pó
- 6 ovos de codorna
- um saco de amendoim (com casca)
- uma dúzia de ostras
- 1 bacia de açaí

Boa sorte!

AS VIRGENS

A virgem de verdade pensa que está com frio quando começa a tremer, e que está com febre, quando começa a esquentar...
Ela é uma chatice. Deixa você beijar a boca, o pescoço, ir descendo... mas quando passa da linha da cintura, te agarra pelas orelhas e te puxa como se fosse um coelho saindo da cartola.

Já a virgem espertinha não brinca de coelho.
Conhece brincadeiras muito mais interessantes.
Finge inocência, mas é Ph.D. em aquecimento.
Agindo assim ela consegue manter sua consciência tranqüila e se divertir ao mesmo tempo.
Adora atiçar sua curiosidade e deixá-lo em má situação.
Pode até ser do tipo "virgem de bandeirinha", aquela que divulga para toda a imprensa sua virgindade, julgando ser uma espécie rara em extinção.

Existe também a semivirgem, o que a medicina ainda não conseguiu explicar o que significa.
Ela diz a você que acha que perdeu a virgindade quando caiu da bicicleta ou quando foi operada. Você resolve ser o primeiro. Mas, na semana seguinte, ela sai com um amigo seu, e continua semivirgem...

Você será sempre o primeiro ou o segundo.

Por outro lado, existem aquelas que estão loucas para se livrar desse "defeito".

O difícil será arrumar um homem que queira ser o primeiro.

Isto porque o homem pensa que se a donzela estava até agora à espera do príncipe encantado, não será ele, que nem cavalo branco tem, quem irá deflorá-la.

Acha que uma mulher acima de 20 anos, que ainda é virgem, tem algum problema físico, mental ou emocional.

Se ele assumir esta grande responsabilidade, acredita que a ex-donzela não vai sair do seu pé para o resto da vida.

É uma pena que exista este tipo de preconceito com as virgens. Porque ser o primeiro, além de ser uma honra, deve ser uma experiência bastante interessante

A CARENTE

É aquela que, quando você passa a mão no pescoço dela, diz que sentiu um arrepio.
Ela quer atenção. Quando conversa, quer que você fique olhando nos olhos dela.
Tem complexo de bicho-preguiça: anda sempre pendurada em você. E não solta sua mão nem se estiverem no Rio com os termômetros marcando 40 graus. Vive grudada.
Ela não fala: mia. E suspira... (mesmo sem ter asma!).
Está sempre dando o maior apoio, ri das suas piadas e acha você o máximo.
A única preocupação dela é dar e receber carinho. É o seu combustível. Adora ser paparicada, te liga todos os dias e manda presentes.

Ela não sufoca, mas exerce uma forma sutil de controle. Não leva em consideração sua vontade. Morre de medo de te perder. Por isso mede os passos o tempo inteiro. Pensa no que vai falar, põe panos quentes quando alguma coisa está errada, acredita nas suas desculpas esfarrapadas e se contenta com muito pouco. Basta um telefonema, um sorriso ou uma flor para que ela retorne ao paraíso.

À primeira vista, ela é a mulher ideal: apaixonada, carinhosa, compreensiva. Mas não consegue conviver com a vida real. Tem que ficar constantemente ornamentando seu mundo de sonhos e esperando que a realidade, um dia, dele se aproxime.

A coisa mais difícil é conseguir terminar um relacionamento com uma carente, porque você sabe que ela irá chorar, ficar abalada... Sabe que ela gosta de você. E, no fundo, ela é tão legal. Sempre foi fiel, nunca fez nada de mal... mas você não gosta dela.

Quando conseguir terminar, ela não será vingativa. Pode pegar no seu pé por algum tempo e continuar apaixonada por alguns anos, mas com o tempo isso passará.

A LOUCA

Ela se insinuou. Vocês começaram trocando olhares, e acabaram trocando beijos. Você pôs a mão na coxa dela, ela não reclamou, e também não tirou a sua mão. O clima foi esquentando, e você ofereceu uma carona. Pegou o caminho do motel, e ela se fingiu de desentendida, com a típica frase "Aonde você está me levando?"

Você pensou que fosse ter uma noite e tanto, não foi? Devagarinho você tirou o sapato dela, desabotoou a blusa... e pronto! Você puxava uma manga, ela vestia a outra... Você desabotoava o sutiã, ela abotoava a blusa... Até que ela deu um pulo para trás e a guerra começou:

- Ela não quis tirar mais nada
- Mandou acender a luz.
- Teve uma crise de choro.
- Perguntou o que estavam fazendo lá.
- Disse que não sabia onde estava com a cabeça.
- Acha que bebeu demais.
- Pensou que queria, mas não quer mais.
- Quer ir embora.
- Nunca fez isto antes.

Ficou histérica. Travou. Você pode tentar acalmá-la assistindo a um desenho animado na TV, mas começa a ficar com raiva. Pensa: "Se ela não queria, por que me provocou tanto?"
Resposta rápida: "Ela blefou."
O melhor a fazer é levá-la para casa, dar um beijinho na testa, e sumir.

A GRÁVIDA

"Acho que estou grávida..."
Existe mulher que parece sentir prazer ao dizer isto.
Sabe que você vai ficar quinze dias sem dormir, com a barba por fazer, errando até o caminho de casa.
E se perguntar a ela o que deu errado, vai escutar:

- Pílula faz mal.
- Esqueci só um diazinho.
- O médico deu uma pílula fraquinha.
- Deve ter sido disfunção hormonal.
- Foi sem querer.
- Me enganei nas contas.

- Tomei direitinho. Deve ser um caso raro...
- A culpa foi sua.
- Você é que deve ser muito fértil.
- A camisinha devia estar furada.
- Eu te avisei pra tomar cuidado!

Você vai ter que ser muito esperto para descobrir:

- Se ela está fazendo terrorismo.
- Se está testando sua hombridade, seu caráter.
- Se está testando para ver se você quer se casar com ela.
- Se quer ter um filho de qualquer maneira.
- Se deu azar mesmo.

E existe a "grávida da última tentativa".
O namoro acaba ou vai mal. Ela pede um encontro, e chega com aquele vestido *sexy* que você adora.
Faz tudo para terem uma noite romântica, e quinze dias depois, ela aparece grávida:
"Acho que engravidei. Mas você não precisa assumir, se não quiser. Eu cuido sozinha. Não vou pedir nada. Só queria que você desse seu nome ao Júnior. Afinal, você é que é o pai. Coitadinha de mim... mãe solteira! Vou estragar minha carreira profissional, mas não vou guardar rancor."

Homens, atenção: se vocês forem inteligentes, perguntarão como alguém engravida "sem querer" na última década do século XX.

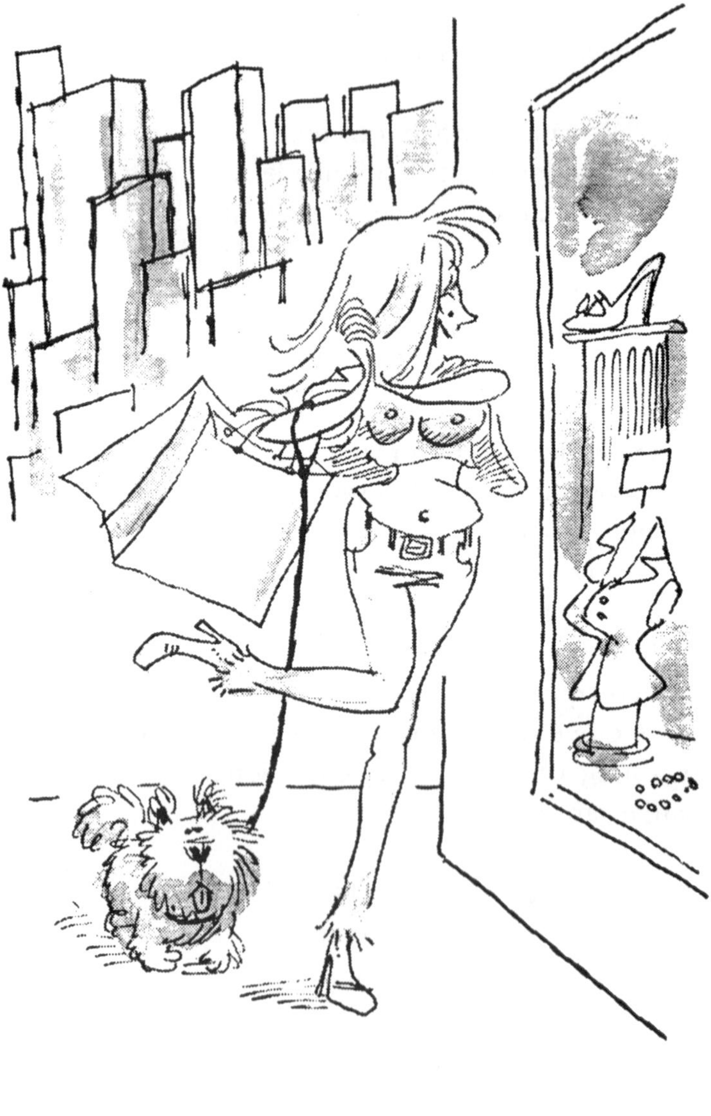

A PATRICINHA

Ela é cheirosa, perfumada, bonitinha, gostosinha...
Usa calça *jeans* com a barra desfiada, blusa *cashmere* sem sutiã e babucha.
Tem um Twingo com adesivo de uma confecção famosa.
Mora com papai e mamãe, sai com a turma do irmão mais velho, é sócia de um clube badalado e só anda com pessoas que fazem parte do seu meio.
Muito ligada à família, segue o ritmo normal da sociedade e quer garantir seu lugar ao sol do Caribe.
Está sempre bronzeada, com as unhas feitas, o cabelo bem cortado, a maquiagem leve e o perfume da moda. É alérgica à bijuteria.
Faz ginástica e tem uma bicicleta importada com 58 marchas.
Almoça com as amigas de uma às quatro da tarde e não é nada humilde. Tem dinheiro, e mostra o dinheiro que tem. Freqüenta os lugares da moda, namora com bonitinhos e ricos, e é amiga de gente que sai nas colunas sociais.
Ela faz faculdade de administração, finge que entende de marketing, e quer um estágio em uma multinacional, de preferência de consultoria.
Não é nenhum exemplo de inteligência e perspicácia, mas também não se classifica na categoria das burras.

Fala, pelo menos, uma língua estrangeira e já viajou para o exterior com a mãe, para fazer compras (É lógico!). Tem um pequeno excesso de futilidade, muitas vezes suportável.

É superfeminina e extremamente paqueradora. Para encarar uma Patricinha, haja dinheiro no bolso, carro importado e roteiro de restaurantes e bares novos, porque ela adora dançar e comer bem.

Você terá que oferecer a ela o mesmo padrão de vida que ela tem ou almeja, porque não está preparada para enfrentar qualquer tipo de dificuldade. E o pai dela também não está preparado para ver sua princesinha triste. Afinal de contas, ela é a filhinha do papai. Mas não é má companhia.

A INDEPENDENTE

Ela ganha mais que você.
O carro dela é mais novo que o seu.
Já foi naquele restaurante caro que abriu.
Você oferece um vinho nacional e ela fez curso de *sommelier*.
A casa dela é cheia de objetos de arte, e você está com o seu aluguel atrasado dois meses.
Você adora *Reggae* e ela só ouve *Bossa-nova*.
Ela lê *Exame VIP* e *Gazeta Mercantil*, sabe a cotação do dólar na ponta da língua e pergunta o que você está achando das últimas medidas econômicas do governo.

Se combinarem de sair, ela irá buscá-lo com seu carro, ou o encontrará num lugar marcado. Ela dirige o carro e a situação. Dividirá a conta e terá a iniciativa de convidá-lo para irem ao teatro; sendo que ela já comprou os ingressos.
Se você economizar um mês e planejar um fim de semana na praia, um dia antes ela avisará que terá que ir a Nova York.
Ela é, sem sombra de dúvida, uma mulher estimulante.
O problema é que nunca tem tempo pra você.
Tudo tem que ser planejado com antecedência.

Ela convida você para acompanhá-la a uma festinha informal, e você põe seu *jeans* e tênis. Chega lá, todos estão de sapato! E ainda por cima, você é o mais novo. Todos irão apresentá-lo como o namorado da fulana e pensar que você está querendo arrumar um emprego.

Se ela estiver numa roda de homens poderá mostrar-se prepotente, para ter seu valor reconhecido.

Apesar dela dizer que gosta de você como é, você terá que ser muito criativo, pra não deixar a peteca cair. O ponto principal é fazê-la relaxar e agir como uma simples mortal. Isto será possível se você não tentar competir com ela. Senão ela testará sua inteligência e esgrimará com você, até dar o *touché* final.
Se você gosta de desafios, prepare-se para o duelo.

A SERVIÇAL

Geralmente ela está uns quilinhos acima do desejável, e não é nenhum exemplo de beleza.
Quando viaja, é aquela que leva a frasqueira com os remédios, mas nem precisava se dar ao trabalho, porque conhece todas as receitas caseiras.
É ela quem prepara os aperitivos antes do almoço e quem lava a louça depois.
Se faltar um travesseiro, é ela quem dorme com a almofada.
Quando a turma sair para fazer algum esporte, ela ficará sozinha na casa "para descansar um pouquinho", e, quando voltarem cansados, ela os receberá com um suco gelado e aperitivos.
Todos gostam da sua amabilidade, e ela gosta de ser a Grande-Mãe, fazendo tudo para agradar.
Mas ela sempre acha que está sobrando, que vai atrapalhar...
No meio de uma festa, se ela não estiver carregando a bandeja dos salgadinhos nem limpando cinzeiros, estará levando um papo cabeça sobre relacionamentos e confessará que ainda é apaixonada pelo ex-noivo que fugiu há cinco anos.
Se ela beber um pouco a mais, acabará a noite deprimida, chorando em algum ombro amigo.

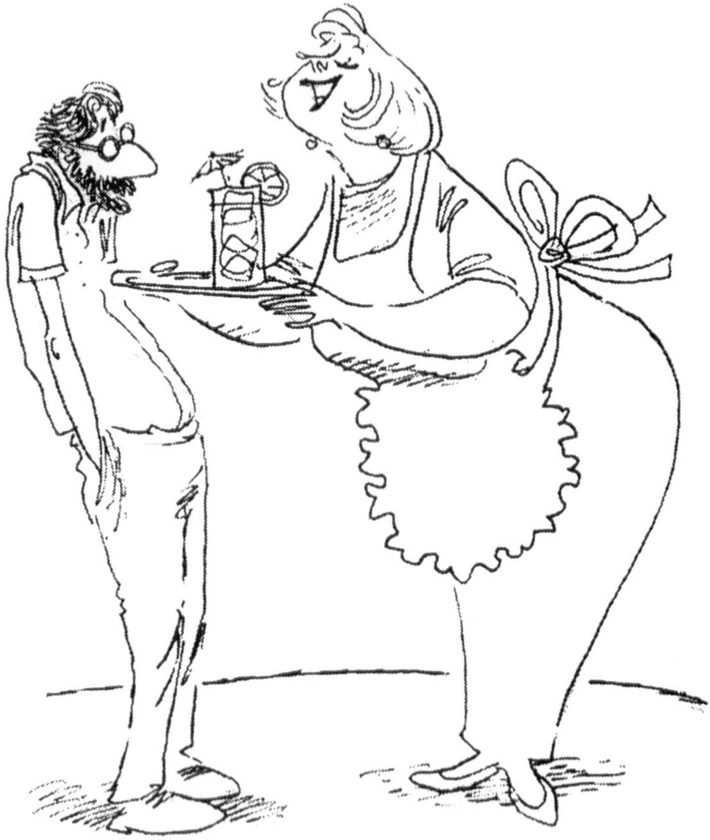

Você nunca vai perceber se ela está paquerando alguém da turma, porque ela é discreta demais para investir numa paquera. Acha que os homens nunca vão se interessar por ela, com tantas cinturas finas e barriguinhas de fora que existem por aí.

Se ela jogasse tênis, diríamos que já perdeu por W.O., ou seja, perdeu por não comparecer ao jogo.

Mas está sempre ajudando na paquera alheia.

Adora bancar o cupido.

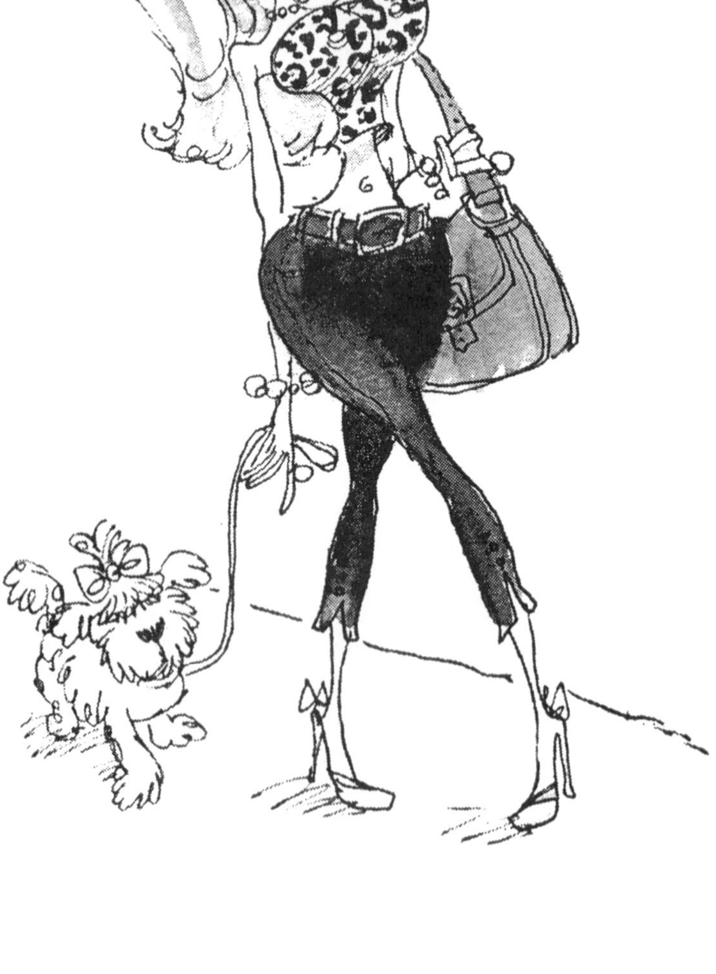

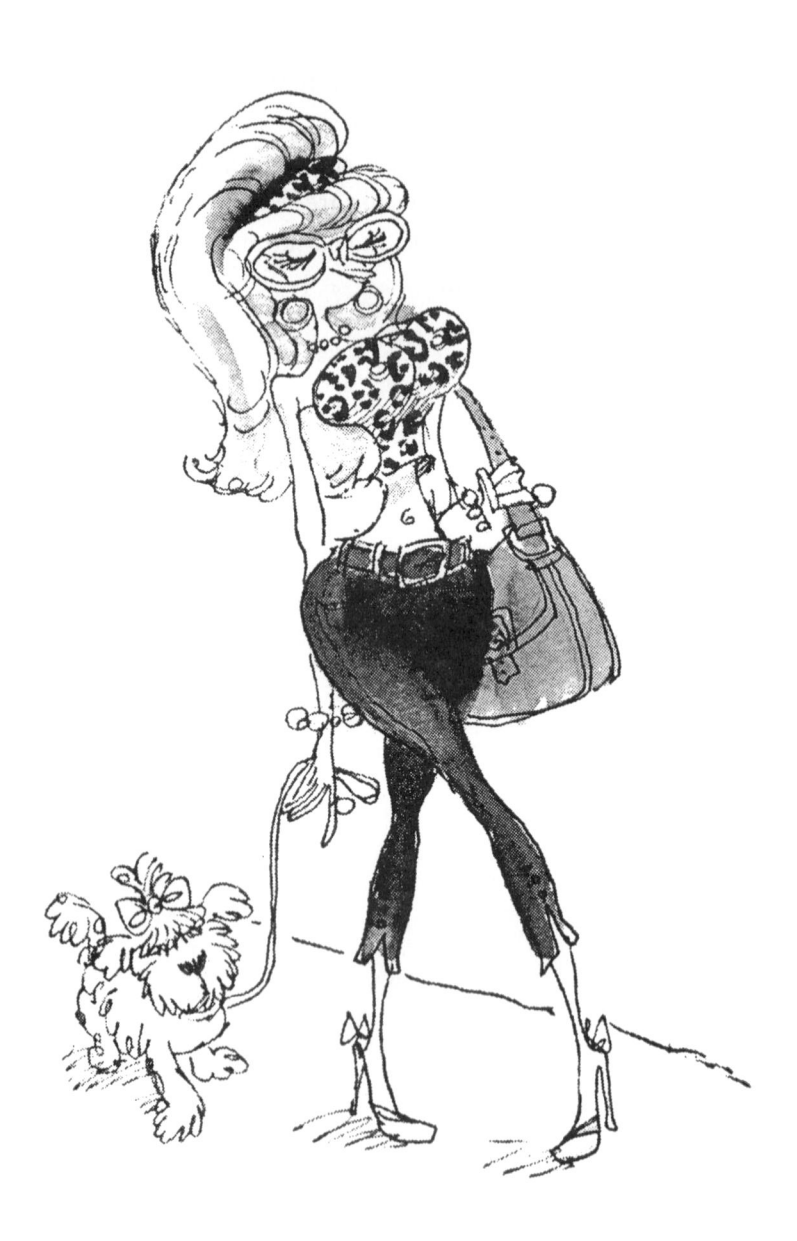

A PERUA

A perua humilde usa calça de *lycra* branca, *collant* com tule e salto alto com barro.
Ela chega ao balcão do restaurante, pede uma *Coca Diet* com gelo e limão, e fica horas esperando que alguém lhe convide para almoçar.

Já a perua chique usa calça fusô, sandália de salto alto, cinto *Moschino* e cabelo loiro com raiz preta.
Ela tem um Kadet conversível branco e um óculos escuro YSL (Yves Saint Laurent).
Adora *jeans* com pedraria, jaqueta de couro com franja, bota por cima da calça, barriga de fora e brinco de argola.
Aliás, ela adora acessórios dourados. (Mas nem tudo que reluz é ouro.)
Ela não acerta nem no social, nem no esportivo.
Vai à praia maquiada, sua saída-de-praia é de seda, e pinta as unhas dos pés de vermelho.

É cheia de autoconfiança. Os outros podem estar achando-a ridícula, mas ela se sente um arraso!
O importante é chamar atenção

Tem homens que detestam as peruas, porque acham que queimam seu filme.

Outros gostam, porque, quando ela aparece, quem estiver com ela também aparece. É como se houvesse um holofote voltado para os dois.

Mas se você for um homem sofisticado, não a leve para jantar. Ela vai beber a lavanda, bater a mão na mesa quando rir alto e, para agradar, ainda vai contar uma piada. Ela não é desagradável. Apenas é espontânea demais. Em compensação, na maioria das vezes tem um corpo escultural!

O sonho de toda perua é arrumar um homem rico, que lhe dê um bom cartão de crédito para que ela possa comprar suas coisinhas, e que lhe dê muitos presentes e muitos perfumes: *First, Paris, Ysatis, Poison*... nada de *Armani* ou *Calvin Klein*!

A BURRINHA

É aquela modelo-manequim que, quando vê na sua estante um livro na 15ª edição, pergunta se você já leu os outros 14.
Ela não tem grandes objetivos, não tem interesses. Não consegue desenvolver um assunto por mais de cinco minutos, e a conversa tem que girar em torno dela ou de você. Nada de acontecimentos sociais, políticos ou econômicos.

Sair com uma burra é como estudar uma língua estrangeira. Cada frase tem que ser repetida pelo menos duas vezes.
Ela não entende nem as piadas.
Às vezes peca por falta de cultura ou de informação, e, na maioria das vezes, por falta de tato.

O maior problema continua sendo o jantar.
Ela vai dizer que o Carpaccio está malpassado, e se o garçom sugerir escargot, ela dirá que não gosta de frutos do mar. Você não saberá se os frutos do mar começaram a dar em árvores ou se os escargots finalmente aprenderam a nadar em água salgada.

Depois de resolvido o cardápio, quando você estiver contando sua última viagem, vai descobrir que ela pensa que a VASP é a filial da VARIG em São Paulo, e se perguntar se ela fala inglês, ela responderá: "*Short*" ou "*More or less*".

Também existe a burra que, por saber que é burra, é desconfiada. Tem medo de estar sendo passada para trás, e por isso evita dar opiniões e se esforça a nível de relacionamento: é carinhosa, atenciosa, e pode até ser uma boa namorada.
O único perigo é ela soltar uma frase como "Foi assim que Cristóvão Colombo perdeu a guerra..."

Dizem que toda loira é burra, mais isso não é verdade. Você pode conhecer uma morena burra! Mas certifique-se de que ela não tingiu o cabelo.

A ENROLADORA

Ela tem cara de anjo, jeitinho de meiga... Uma flor.
Na realidade, ela é uma planta carnívora.
Você pensa que a está levando em banho-maria, mas ela já ferveu há muito tempo.
Ela sai com você, está sempre amável, bem-arrumada e feliz. Adora dar e receber presentes, finge que acredita nas suas desculpas esfarrapadas e é superpaciente.

Lógico: ela sai com você e com mais meia dúzia.
Ou você pensou que ela estivesse em casa, loucamente apaixonada, esperando seu telefonema? Lembra aquele dia que ela disse que tinha passado a noite na delegacia com uma amiga que tinha sido assaltada? Pois é. Ela tinha dançado a noite toda e estava de ressaca, com os pés cheios de bolhas.
Ela chega a mentir com detalhes. Daria uma ótima romancista.
Ela gosta de você e se diz apaixonada, mas não dispensa o caderninho de telefones. Não confia nos homens. Seu lema é: "Quem não faz, toma!"
Já teve experiência suficiente para não desperdiçar seu tempo chorando em casa.
Você pensa que pode enrolá-la, mas vai se apaixonar pelo clima de mistério que ela sabe criar.
Ela nunca assume um relacionamento. Não assume nem sequer um caso.
No final, você não saberá definir quem é ela, o que quer, nem onde pretende chegar.
A enroladora só se dá bem com um tipo de homem: um enrolador como ela. Porque um homem que sabe o que quer não vai se sujeitar aos caprichos da florzinha.

A QUEBRA-GALHO

Todo homem tem uma quebra-galho (QG).
Ela serve exatamente pra isso: pra quebrar o galho nas épocas de entressafra de namorada.
Você precisa ir acompanhado naquele jantar da empresa?
Você não viajou no feriado e não há ninguém interessante na cidade?
Chame a quebra-galho, que ela estará sempre disponível.

A QG é a estepe, a suplente, o banco de reserva, que só entra pra jogar quando o time está desfalcado.
Ela é bonitinha, simpática, se veste bem, não dá vexame e geralmente tem um bom astral.
Ela é superlegal! Mas falta alguma coisa nela...

Você irá procurá-la sempre que levar um fora.
Vocês vão comer, beber e dormir juntos por alguns (ou muitos) dias, até você se recuperar.
Depois você entra na luta outra vez e esquece dela.
Parece que ela é apaixonada por você ou que não tem um pingo de amor-próprio. As duas coisas são verdadeiras.

A quebra-galho ganha, mas não leva...

A CIUMENTA

Será uma ambulância? Um carro de bombeiros? Uma radiopatrulha? Não, é apenas a radiopatroa, sua namorada ciumenta que está chegando.
E já chega de cara amarrada ou fazendo escândalo!
Ela liga para o seu trabalho 500 vezes por dia, só para ouvir sua voz. Se você estiver numa reunião importante, ela será capaz de interromper, só para perguntar se deve cortar o cabelo.
Quer saber seu roteiro das oito da manhã às oito da noite, e vai ligando para checar nos pontos de parada. Você não pode mudar o itinerário nem para comprar cigarro. Senão, quando chegar em casa, terá cinco recados mudos na secretária eletrônica ou ela estará plantada na frente do seu prédio espionando se as luzes estão acesas no seu apartamento.
Se tiver dinheiro, contratará um detetive para fazer isso por ela.
Ela pesquisa com o seu porteiro, faz amizade com a sua faxineira e odeia sua secretária.

Não suporta suas amigas. Para ela, todas são peruas e todas estão a fim de você. Ela não acredita em amizade entre homem e mulher.

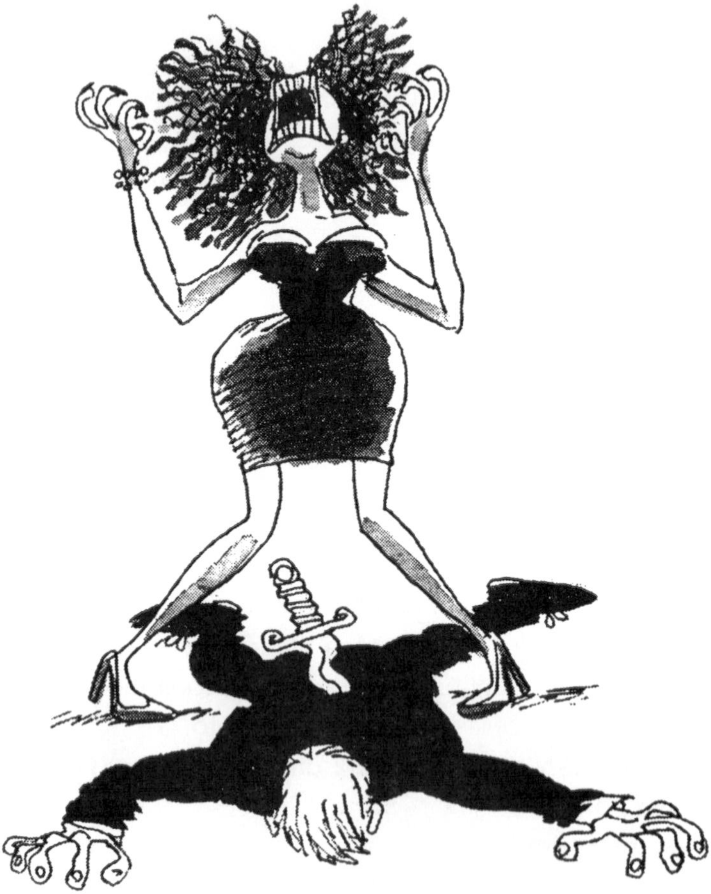

Por isso, você pode chegar ao cúmulo de desviar seu caminho quando avistar aquela sua amiga que você adora e que não pode cumprimentar com um frio aperto de mão.

Se freqüentarem a mesma academia de ginástica, só vai fazer amizades no dia em que sua namorada faltar. Quando você está sem ela, você é você, mas quando está com ela, acaba fazendo coisas que não são do seu feitio, só para evitar uma cena.
Porque ciumenta adora dar showzinho.
Vocês chegam no restaurante e ela, além de escolher a mesa mais afastada, ainda coloca você no canto ou virado para a parede. (É o que chamamos de síndrome de samambaia!)
No meio do jantar ela diz que tem uma mulher olhando pra você, e se ela está olhando é porque alguma coisa você fez. Aí começa o show:

"Deve ser algum caso antigo seu."
"Desde quando vocês se conhecem?"
"Vai, senta na mesa dela."
"Vou lá falar com ela."
"Você pensa que eu sou idiota?"
"Você estava paquerando na minha cara..."
"Pra cima de *moi*?..."

Se conseguir acalmá-la dizendo que as outras olham, mas que você é todo dela, conseguirá ganhar tempo para comer a sobremesa. Senão terá que arrastá-la pelo braço para continuar a discussão num lugar mais reservado. Aí ela vai chamá-lo de cachorro, dar alguns

murros no seu braço e acabar numa crise de choro, dizendo que você é um grosso.
Ela adora brigar porque sabe que o melhor da briga é a reconciliação.

Quando levá-la à sua casa, não se iluda. Na primeira oportunidade ela vai vasculhar suas gavetas, sua carteira e seus bolsos. Vai cheirar o colarinho das suas camisas e fazer inspeção no armarinho do banheiro. As mais loucas olham quantas toalhas tem no varal, quantos copos sujos na pia, e se a ponta de cigarro no cinzeiro não está marcada de batom.
Se achar alguma prova do crime, coitado de você. Ela virá com a prova na mão, pedindo explicações. Pode ser qualquer coisa: um tíquete do McDonald's, um compromisso marcado na agenda, um cartão comercial com o nome de uma mulher...

A ciumenta nem termina a pesquisa antes de chegar às conclusões.

Mesmo que você seja culpado, terá que mentir, porque não dá para manter um diálogo civilizado com esta jamanta. Compreensão e calma são palavras que não existem no seu dicionário.

As ciumentas neuróticas geralmente são novinhas, e seu problema é a insegurança.
Já a ciumenta escolada é capaz de tomar as mesmas atitudes que repudia. Por exemplo: ela odeia que você deixe a secretária eletrônica ligada quando está em casa. Ou ela teve um namorado que fazia isso, ou ela

própria usa desse recurso para manter os barbados afastados quando está com você.
Quase sempre as pessoas desconfiam de atitudes que elas próprias possam tomar.

O pior é que ciúmes causam ciúmes.
Se você namorar uma ciumenta, começará a ser ciumento também. Porque o ciúme tem seu lado quente. E porque não é tão ruim assim ter ao seu lado alguém que brigue por sua causa. (Mas tudo tem limite!)
Tente se separar dela que você vai saber o que é queima de arquivo.

PARTE III

MENTIRINHAS

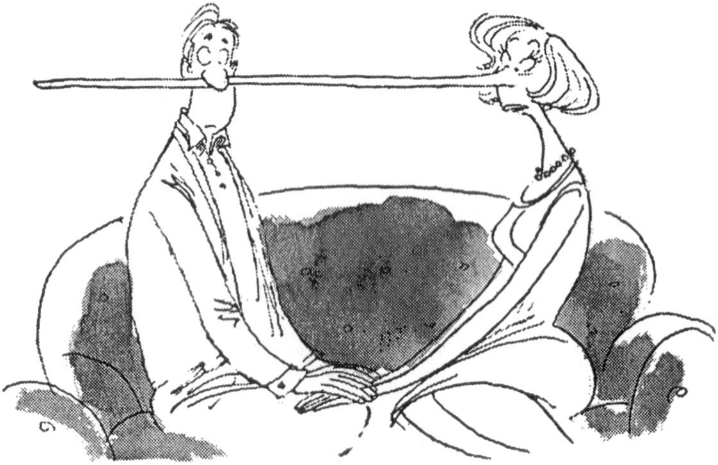

PARA IMPRESSIONAR O PRÍNCIPE

❤ Adoro assistir a campeonato de futebol.

❤ Não ligo que você saia com seus amigos.

❤ Pode hospedar sua amiga sueca, linda e loira!

❤ Depois de casar vou continuar trabalhando.

❤ Nunca mais falei com o meu ex-namorado.

❤ Adoro acordar cedo.

❤ Cozinho superbem.

❤ Não sou ciumenta.

❤ Gosto de ficar em casa.

❤ Meu pai te adora.

❤ Detesto shopping.

❤ Não bebo.

❤ Ele é meu amigo de infância.

❤ Não gosto muito de usar batom.

MENTIRINHAS DAS CASADAS

♥ Hoje fui paquerada no trânsito.

♥ Encontrei meu ex-namorado na rua.

♥ Ninguém telefonou para você.

♥ Ele continua meu amigo de infância.

♥ Não saí hoje.

♥ Esta roupa custou superbarato.

♥ Fui ao dentista.

♥ Só falo bem de você.

♥ Minha mãe te adora.

♥ Vou começar a ginástica (e o regime) na segunda-feira.

Você não pensou que tudo o que saísse da boca dela fosse verdade, não é?

Estas mentirinhas não prejudicam ninguém. São o que chamamos de "mentirinhas brancas", quase sem pecado. É claro que existem as outras mentiras, bem mais cabeludas.

Mas não queremos tirar suas esperanças no conto de fadas.

O problema é que, se sua donzela exagerar na perfeição antes do casamento, no dia seguinte à lua-de-mel você vai tomar um susto ao descobrir que ela é capaz de ser mal-humorada, birrenta, preguiçosa e exploradora.

Por isso, é melhor que, desde o início do relacionamento, você mostre que prefere conhecê-la como ela realmente é. Mostre que você adora uma bruxinha, que desde criança você se sentia mais atraído pelo mistério da bruxa do que pela meiguice da princesa.

Dê-lhe segurança suficiente para que ela não precise fingir de donzelinha. Afinal de contas, você também não é nenhum príncipe...

PRINCESA OU BRUXA
DISPENSANDO O "PRÍNCIPE"

☏ Dá licença que preciso ir ao banheiro.

☏ Minha amiga está me chamando.

☏ Tenho que ir embora porque amanhã acordo cedo.

☏ Não posso chegar tarde em casa.

☏ No final de semana vou viajar com minhas amigas.

☏ No final de semana vou viajar com meus pais.

☏ Tenho namorado.

☏ Estou me sentindo mal.

☏ Tenho que estudar.

☏ Minha amiga está com problemas.

☏ Vou jantar com meus pais (leia-se avós, tios, primos etc.).

☏ Gosto do meu ex-namorado.

☎ Somos apenas amigos, não confunda as coisas; ou pior, gosto de você como amigo.

Você já ouviu isso muitas vezes?
Calma. Não precisa quebrar a cara dela só porque ela não está se sentindo bem ou tem que ir ao banheiro. Seja um cavalheiro e descubra se levou um fora antes de tomar qualquer atitude.

Afinal, o que você queria que ela dissesse? Que te achou um sapo? Você não é tão forte assim para agüentar este tiro no ego.
Ela pode ter te achado demais!
Velho demais, novo demais, chato demais, esnobe demais...

Se você ouviu uma dessas frases, achamos que pode tentar pela segunda vez. Mas se ouvir três delas em menos de um mês, desista.
Os homens dizem que a mulher diz não quando quer dizer sim, mas isto nem sempre é verdade.
Não quer dizer **não**. E a paciência delas também tem limite.
Brincadeiras à parte, a mulher geralmente é mais suave nas desculpas esfarrapadas. Cabe a você ter *feeling* suficiente para perceber quando ela está fazendo charme e quando não está interessada.
E não é porque ela aceitou o seu convite que você pode soltar rojões.
Tem mulheres que gostam de sair para bater um papo, e isso já é alguma coisa.

A PAQUERA

Feia x Bonita

O príncipe caçador entra num bar e logo avista uma mesa onde duas donzelas estão sentadas. Uma delas parece o sol descortinando as manhãs. Tem aquele sorriso da Adriane Galisteu, aquele corpo da Letícia Spiller... uma deusa grega.
Já a donzela que faz sombra a seu lado poderia arrumar melhor aquele cabelo, para não ficar tão parecida com a Madame Min.
Quem vocês acham que nosso príncipe vai abordar?
O profissional aborda a feia; e o amador, a bonita.

A feinha sempre é mais receptiva, assim como a gordinha sempre é a mais simpática.
Se ele chegar direto na bonita, provavelmente vai ter que agüentar um nariz empinado e algumas respostas monossilábicas. Vai fazê-lo sentir-se um idiota.
Então, pegue o caminho mais longo para não quebrar a cara na auto-estrada, e comece pela feia.
Ela vai ficar muito feliz. Vai pensar: "Puxa, o que será que ele viu em mim? Finalmente ganhei uma parada."
Enquanto isso, a bonita pensará: "Nossa! O que será que ele viu nela?"

Isso vai mexer com a vaidade da beldade. Ela não pode perder a atenção para uma feinha sem graça, por mais que seja sua amiga.
Aí começará a disputa.

Você abre a partida de uma simples contra uma dupla: joga a bola para uma, ela devolve; joga para a outra, ela devolve.
Mas, nesse jogo, a chance de você sair perdendo é grande. Porque a feia você não quer, e a bonita você não consegue.
Mesmo assim você tenta pegar o telefone das duas.
Depois, liga para a bonita.
E quanto à feia que serviu de trampolim?
Você faz amizade com ela. Afinal, pode ser que ela tenha alguma outra amiga bonita...

A MULHER DIRIGINDO A PAQUERA

Depois de se recuperar do fora da bonitona, você volta para a vitrine.
Está lá quieto no seu canto, quando percebe que alguém está olhando. Realmente, parece que aquela donzela está te paquerando...
Você espera que ela dê uma segunda olhadinha.
A mulher que está paquerando será receptiva e simpática quando você a abordar.
Agora, quando você chega de supetão numa mulher que nem tinha notado sua presença, prepare-se para uma recepção mais seca. Ela ficará fazendo tipo para ganhar tempo.

O HOMEM DIRIGINDO A PAQUERA

O que um homem adora dirigir, além da paquera? Um carro do ano, lógico, e de preferência uma super-máquina! Certo? Pois é... e justamente porque homens sabem tudo de carro, por razões óbvias, comparam estas engenhocas com as mulheres, ou seja, acham que sabem tudo...
Vamos descrever melhor a situação:
Lá está novamente o bonitão no bar, ou numa festa, para variar um pouco. Antena ligada e começa a escolha da princesa a ser abordada.
Como será ela? Ou melhor: como ele gostaria que ela fosse? É aí que entra o carro, a comparação, para ficar mais fácil·

1º ponto: Aparência — pode ser esportiva ou clássica, mas, sem dúvida, a primeira coisa que conta é a aparência, o *design*, o impacto que sua chegada irá causar.

2º ponto: Acessórios — sim, porque mulher e carro modelo standard ninguém quer. Vale duplo air bag, bancos macios, ar-condicionado, vidro elétrico, direção hidráulica etc. Assim como valem corte e cor do cabelo, altura, unhas bem-cuidadas, roupas, jóias etc...

3º ponto: Desempenho — introvertida, discreta ou chamativa e falante? Meio lenta ou rápida no raciocínio? É lógico que carro bom chega a 200 por hora em segundos e ninguém quer perder muito tempo acelerando e trocando marchas...
Outro detalhe: Bebe muito? Roda quantos quilômetros por noite e com quantos litros?

4º ponto: Marca — família tradicional dá mais confiança, mas não é garantia de nada. Importado que despencou na praça de repente e ninguém nunca ouviu falar, às vezes até surpreende.
Se por fim a candidata (que nem imagina que já passou por toda essa prova) for aceita, passa-se para a segunda fase: o test-drive. Umas voltinhas por aí, sem compromisso, pra ver se agrada e a impressão que causa. Não agradou? Decepcionou? Devolve. Afinal não tem compromisso nenhum ainda...
Agradou? Surpreendeu? Também não compram de cara, fazem um leasing, pensando: "Vai que nesse meio tempo surge um modelo melhor...?"
Em resumo: tem muita mulher no mercado e de modelos variados, por isso os homens acham que está mais fácil e sabem tudo.
Ledo engano! Se você, mulher, pensar bem, verá que eles acham que dominam essas máquinas, mas a primeira coisa que fazem quando elas quebram é olharem espantados e ligarem para o Socorro 24 horas! No caso, vale amigo, pai e até terapeuta...

LIMITES

Uma das maiores pisadas na bola dos homens é o que chamamos de falta de limite.
Dificilmente um homem sabe retirar-se na hora certa. Sua ansiedade por um bom fim de noite é tão grande que muitas vezes ele põe tudo a perder para ganhar um beijinho de boa-noite.
É preciso ter calma. Equilíbrio. Bom senso.

Você acabou de conhecer uma pessoa, não é em meia hora ou em cinco horas que vai conseguir pôr os assuntos em dia. Ainda mais se outras pessoas estiverem participando da conversa.

Existe uma situação muito comum. Dois amigos sentam na mesa de duas meninas que estão paquerando. Começam a conversar animadamente. Pedem uma bebida, depois mais uma, e depois outra. E não saem mais de lá até que elas se cansam e vão embora, ou terminam todos bêbados.
Se eles tivessem ficado uma hora, talvez elas sonhassem com eles. Mas como ficaram cinco horas, elas foram dormir exaustas, não querendo nem lembrar da noite.
Não queira ter, no primeiro encontro, a intimidade que

tem com seus velhos amigos. Seja discreto e atencioso Respeite os limites e as circunstâncias.

Você não sabe qual é a situação: se as duas amigas estão com vontade de conversar, se estavam de olho em outros dois, sei lá.

Fique enquanto sentir reciprocidade de interesse.

E, na dúvida, não ultrapasse.

Senão poderá ser multado.

PARTE IV

A PRINCESA ENCANTADA

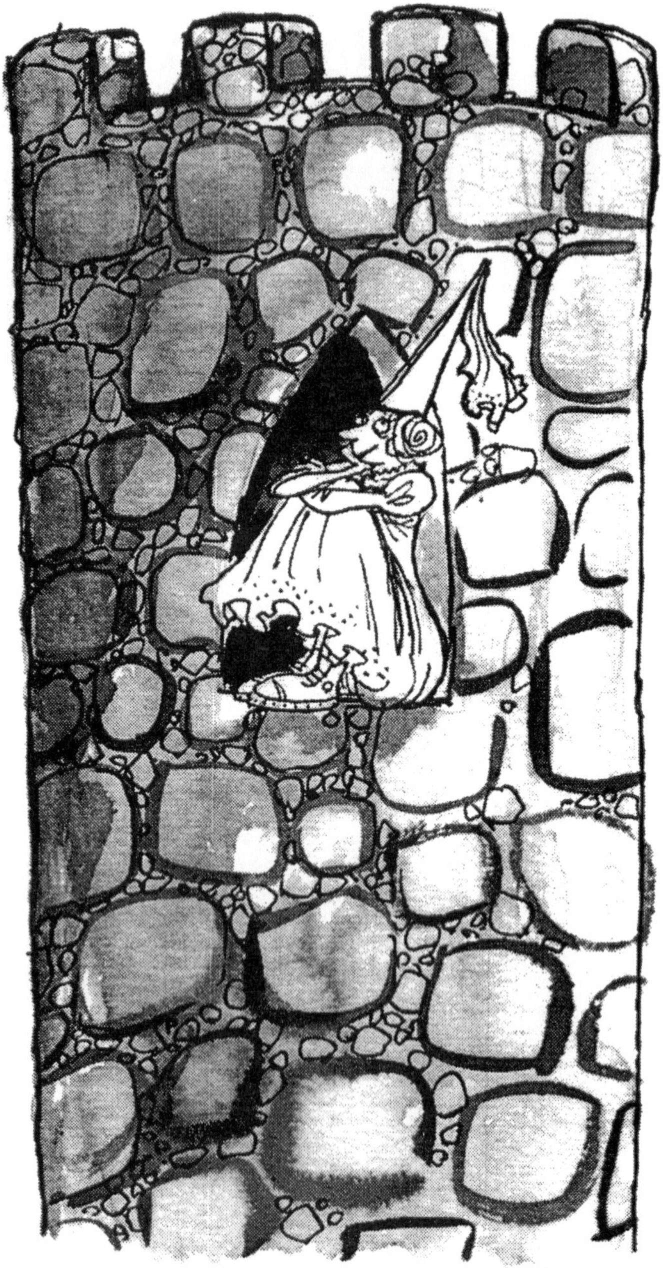

A DONZELA

Ela está na torre pronta para ser salva por você.
É uma princesa moderna.
Tem telefone, mora a menos de seis quilômetros da sua casa e você não tem nem que atravessar a ponte para vê-la.
É inteligente, culta, trabalha, ganha muito bem, e sabe fazer bolo de chocolate. É o que podemos chamar de uma "Patricinha" evoluída.
Tem uma cabeça de 30 e um corpo de 20, faz ginástica todos os dias, não usa maquiagem em excesso, e batom só cor de boca. É extremamente fiel, vive de bom humor, é companheira, e encanta a todos por onde passa.
Tem uma família estruturada e se dá muito bem com seus pais.
Não gosta de sair freqüentemente do castelo, a menos que seja para levá-lo a um fim de semana numa das suas três casas de veraneio.
É carinhosa sem ser melada, extremamente sensual, um pouco tímida em público, mas uma "expert" na cama.
Ela é tão bonita que faz com que a Cindy Crawford pareça uma empregadinha.
Não é ciumenta e jamais pega no seu pé.

É louca por você, mas tempera sua paixão ardente com uma pitada de desprezo.
É a mulher ideal.

- Isto é o que os homens chamam de uma escolha racional?

Depois ainda dizem que, na hora de escolher uma mulher, sabem deixar a razão acima do coração.

Onde eles pensam que vão encontrar tudo isso junto? É preciso que saiam da ilusão da princesa encantada e procurem uma mulher de carne e osso.
Mulher Maravilha não existe, e o Super-Homem também não!
Vocês podem acabar sentindo inveja daquele amigo que está superfeliz com aquela feinha, porém é o máximo, enquanto vocês desfilam por aí à procura de Barbies.

Felizes para sempre

Nos perguntamos, muitas vezes, por que os desencontros são tão freqüentes.
Os homens dizem que estão à procura de uma mulher; e as mulheres, que estão à procura de um homem. Mas parecem dois grupos caminhando por paralelas, que só se encontram no além.
Descobrimos, nas reuniões e entrevistas que fizemos, que enquanto não houver um diálogo franco entre os grupos, os clichês não serão quebrados.

Ouvimos frases como: "Toda mulher gosta disto..." ou: "A primeira vez que sair com ela diga aquilo." Isto é coisa de pesquisa de revista feminina.

É claro que existe uma opinião coletiva, mas as diferenças individuais devem ser respeitadas.
É preciso considerar a bagagem que cada um traz, os objetivos que cada um tem e, principalmente, o que cada um sente.

A falta de diálogo, aliada ao despreparo em superar dificuldades e criar vínculos, são atualmente os principais fatores dos desencontros.

Para acabar com este círculo vicioso, é preciso que as pessoas quebrem as barreiras e se exponham.
Chega de joguinho de esconde-esconde por orgulho ou insegurança.
Vamos pôr as cartas na mesa, sem que isso quebre o clima de romantismo, de paixão e mistério que envolve todas as pessoas paqueradoras, apaixonadas, loucas, conquistadoras, enamoradas.

Nos dias de hoje não há mais lugar para príncipes e princesas. Isto não quer dizer que todos sejam sapos ou bruxas.
Somos apenas simples mortais, Homens e Mulheres.

Caçando Príncipes e engolindo Sapos

Maria Cristina Von Atzingen
Helena Perim Costa

BERTRAND BRASIL

CAÇANDO PRÍNCIPES & ENGOLINDO SAPOS é um livro bem-humorado e irônico, onde registramos histórias contadas por nossas amigas.

Cansadas de ouvir reclamações, achamos que já estava na hora de revelar o que as mulheres pensam desses príncipes encantadores, que viram sapos logo nos primeiros encontros.

Não é nossa intenção dar receitas de como agir num relacionamento. Apenas descrevemos as cantadas, as desculpas esfarrapadas, o que as mulheres vão enfrentar ao se deparar com o sexo oposto.

Desta forma, o livro serve como uma crítica aos homens e como um desabafo das mulheres, decepcionadas com as atitudes e a falta de criatividade masculinas.

Com frases diretas e repetindo exatamente o que se ouve por aí, com certeza, o leitor irá se identificar com alguns dos nossos tipos ou com as situações descritas.

Impresso no Brasil pelo
Sistema Cameron da Divisão Gráfica da
DISTRIBUIDORA RECORD DE SERVIÇOS DE IMPRENSA S.A.
Rua Argentina 171 – Rio de Janeiro, RJ – 20921-380 – Tel.: 585-2000